す

# ひもとロープの結び方

## はじめに

　最近、「ロープワーク（ロープの結び方）を学びたい」と思う人が増えています。

　その背景には、キャンプや山登り、釣りなどが人気を集めていることがあります。これらのアウトドアでは、ロープワークが重要な役割を果たします。

　ロープワークに熟練すれば、アウトドアの楽しみが広がります。そればかりか、トラブルから脱出するときの大きな助けになり、命を救うこともあります。ロープワークを知ることは、身の安全を確保することにもつながるのです。

　日常生活においても、ロープワークを応用できる場面はたくさんあります。新聞を束ねるとき、車やトラックに荷物を積むときなど、用途に適した結び方ができれば、物事を安全に進められます。また、災害時や緊急時にもひもが1本あれば、さまざまな救助活動を行うことができます。

　本書では、そうしたロープワークを、具体的なシーン別に紹介しています。イラストを見ながら結ぶことができ、初心者でも簡単に覚えられます。

　本書がみなさまの「ロープワーク力」向上のお役に立てれば幸いです。

# ロープの基礎

# キャンプに役立つロープワーク

Chapter 3

## 山登りに役立つロープワーク

# 釣りに役立つロープワーク

## ロープで遊ぶ

# 日常生活・災害時に役立つロープワーク

# Chapter 1

# ロープの基礎

## ロープの種類と構造

　一口にロープといっても、さまざまな種類があります。その構造によって「よりロープ」と「編みロープ」の2つに分けることができます。

◆ よりロープの種類と構造

　よりロープとは、ストランドという「子縄」をより合わせて作ったものです。ストランドを3本より合わせて作る「三つよりロープ」がほとんどですが、4本より合わせて作る「四つよりロープ」もあります。

　また、そのより合わせる方向によって、「Z（左）よりロープ」と「S（右）よりロープ」に分けられますが、ほとんどのロープは「Zよりロープ」です。

　ストランドは糸（ヤーン）をより合わせて作られ、糸は繊維（ファイバー）をより合わせて作られています。ストランドをより合わせるときに、ヤーンをより合わせる方向と逆にすることで、ロープの強度を高め、ほどけにくくしてあります。

Z（左）よりロープ　　　S（右）よりロープ

ロープをたらして見たときに、斜め左により
が下がっていれば「Zよりロープ」、斜め右に下
がっていれば「Sよりロープ」

三つよりロープの構造

糸（ヤーン）　　　　　　繊維（ファイバー）

ストランド

◆編みロープの種類と構造

　編みロープは、ストランドやヤーンを編み込んで作られていま
す。扱いやすく、もつれにくいのが特徴です。

　編みロープにもいくつか種類がありますが、編んだ外皮で芯
を覆った「丸編みロープ」が一般的です。他にSよりストランド
とZよりストランドをそれぞれ2本ずつ編み込んで作る「角編み
ロープ」、芯のない「中空編みロープ」があります。

編みロープの構造

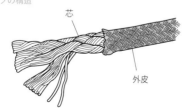

芯

外皮

# ロープの選び方

　ロープの素材は、天然繊維と化学繊維の 2 つに分けることができます。

◆ 天然繊維

　天然繊維の素材には大麻の皮やマニラ麻などがあり、それぞれ強度や扱いやすさなどに違いがあります。

　全体に熱などに強く、価格が安いなどの特徴がありますが、化学繊維に比べると強度が低いのが弱点です。

◆ 化学繊維

　化学繊維の素材には、ナイロンやポリエステルなどがあります。強度が高く、柔軟性や耐久性に優れるため、現在では多くのロープが化学繊維でできています。ただし、熱や摩擦に弱く、伸びやすいなどの欠点もあります。


　ロープの太さは、その直径で表します。さまざまな太さのロープがあり、用途に合わせて選べます。

　キャンプなどのアウトドアでは、太さ 3 ～ 10mm のロープを選んでおけばよいでしょう。クライミングなどの場合は、12mm 以上のものが必要です。ただし、命にかかわるものですから、必ず専門知識を持った店員に相談してから購入するようにしましょう。

天然繊維

| 種類 | 素材 | 特徴 | 用途 |
|---|---|---|---|
| ヘンプロープ | 大麻の皮 | 天然繊維の中で、最も強度が高い。一方、耐水性は低い。 | 屋内での利用 |
| マニラロープ | マニラ麻 | ヘンプロープの次に強度が高く、柔軟性に優れる。水に浮きやすい反面、濡れると扱いにくくなる。 | 屋外での利用 |
| タールロープ | 大麻の皮 | ヘンプロープをタールにつけて乾燥させたもの。耐水性は高いが扱いにくく、強度もやや低い。 | 屋外での利用 |
| サイザルロープ | サイザル麻 | マニラロープの代わりとして作られた、安価なロープ。強度はマニラロープより劣る。 | 屋外での利用 |
| カイヤーロープ | ヤシの実の繊維 | 強度はないが、軽くて水に浮く。 | 工芸など |
| 木綿ロープ | 木綿 | 強度はないが、柔らかく扱いやすい。 | 手芸など |

化学繊維

| 種類 | 素材 | 特徴 | 用途 |
|---|---|---|---|
| ハイゼックスロープ | ポリエチレン | 強度が高く、摩擦に強い。軽くて水に浮かぶ。熱に弱く、すべりやすいのが欠点。 | マリンスポーツ |
| クレモナロープ | ビニロン | ハイゼックスよりも強度はないが、柔らかく、扱いやすい。 | キャンプなど、広範囲に利用可 |
| ナイロンロープ | ナイロン | 化学繊維の中では最高の強度。柔軟性や伸縮性も高く、軽い。 | クライミングを含む各種アウトドア |
| テトロンロープ | ポリエステル | 強度・耐水性ともに高い。伸びや摩擦にも強い。価格が高い。 | マリンスポーツ |
| パイレンロープ | ポリプロピレン | 強度はそれほど高くないが、価格が安い。 | マリンスポーツなどさまざまな用途 |

# ロープの名称

　ロープには、部分ごとに名称があります。また、ロープの形状や動きにも名称があるので、覚えておきましょう。

　ロープの両端のことを、「端」「手」「エンド」などといいます。また、結び目を作るときに動かす端のことを、特に「動端（ランニング・エンド）」といいます。両端以外の部分は「元（スタンディング・パート）」と呼びます。

　ロープを曲げた部分を「曲がり」「曲げ」「バイト」「ループ」と呼び、ロープが交差して輪になっている部分を「輪」「ループ」と呼びます。本書では、ロープが交差している場合は「輪」、それ以外の曲げの部分は「ループ」としています。

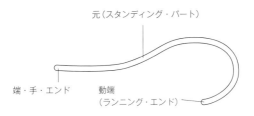

元(スタンディング・パート)

端・手・エンド　　　動端
（ランニング・エンド）

曲がり・曲げ・
バイト・ループ

輪・ループ

# ロープワークの目的

ロープを結ぶ目的は、主に次の5つです。

### ◆ ロープを他の物に結ぶ

ロープを張ったり、結びつけたものを固定したりします。アウトドアでよく使い、「巻き結び」「ふた結び」などがあります。

### ◆ 物をしばる

木材などをまとめる、荷物を梱包する、丸太を組むなどに使います。「巻きしばり」「角しばり」などがあります。

### ◆ ロープとロープをつなぐ

つなぐことで、ロープを長くすることができます。キャンプや釣りなどでよく使われ、「テグス結び」などがあります。

### ◆ コブを作る

ロープを穴に通した際のストッパーとして、またすべり止めとするためにコブを作ります。「8の字結び」や「固め止め結び」などが代表的な結び方です。

### ◆ 輪を作る

輪を作ることで、物をひっかけたり、足がかりにしたり、ロープをつなぐときに利用したりできます。「もやい結び」「よろい結び」などがあります。

# ロープのほつれ止め

　ロープを切って使うとき、切り口をそのままにしておくと、切り口がほつれてしまいます。扱いにくくなるばかりか、放っておくと強度にも影響を与えてしまいます。

　切り口がほつれないように、ほつれ止めの処理をしましょう。テープの素材や太さなどに合わせ、適切な処理を選ぶのがポイントです。

◆熱処理

　ナイロン製のテープの場合、熱処理を行うのが最も手っ取り早い方法です。切り口をライターなどの火であぶって溶かし、素早く指先で形を整えます。このとき、やけどしないように気を付けましょう。

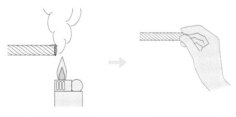

ライターの火であぶって　　　　　指先でまとめる

◆テープ処理

　天然繊維、化学繊維ともに使えるのが、ガムテープなどの粘着テープを巻きつける方法です。細いロープの場合は、切断したい

部分にテープを巻きつけ、その上からロープを切断します。

　太いロープの場合は、先にロープを切断しておき、その末端部分にテープを巻きつけます。ただし、テープでの末端処理は一時的な処理と考えておいたほうが無難です。

細いロープの場合　　　　　　　　　太いロープの場合

 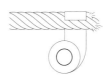

◆その他

　一時的な処理として、切り取った末端部分にコブを作る方法があります。また、最初からロープを切断することがわかっている場合は、市販の熱収縮テープを用意しておくとよいでしょう。

コブを作る　　　　　　　　　　熱収縮テープを使う

## ロープの取り扱い

　間違ったロープの使い方は事故につながり、ときには命さえ奪ってしまいます。以下のことに気を付けましょう。

### ◆ロープの傷みを点検する

　ロープは強度が落ちれば、使えません。強度を落とす傷やすり切れ、キンク（よじれ）がないか、使用前と使用後に必ず点検しましょう。見てわからないときは、下図の方法で確かめます。

ロープを持ち上げたとき、不自然に折れ曲がる場合は芯が切れている（左）。自然にたれ下がればOK（右）

ロープを２つ折りにしたとき、急な角度で折れ曲がる場合は芯が切れている（左）。自然なループになればOK（右）

### ◆ロープを地面に置かない

　ロープに砂や小石が入り込むと、ロープを傷める原因になります。濡れなどから守るためにも、ロープを直接地面に置くのは避け、ビニールシートなどを敷いた上に置きましょう。

◆ロープを踏まない

　ロープを踏むと無理な力が加わり、ロープが傷んでしまいます。靴に付いていた砂などが入り込む可能性もあるので、気を付けましょう。

◆ロープを濡らさない

　ロープは水に濡れると劣化が早まります。濡れたロープはすべりやすくなり、取り扱いにくく、事故の原因に。使用上やむを得ない場合は仕方ありませんが、極力濡れないように注意を。

◆ロープの接触面に気を付ける

　岩の鋭い部分など、ロープが傷ついてしまうところに接触しないよう気を付けましょう。どうしても当たってしまうときは、タオルを当てたり、ロープに保護チューブをかぶせたりして、ロープが切れないようにします。

　また木の幹などにしばるときは、木にタオルや新聞紙を巻いてからロープをしばり、木を保護しましょう。

◆急に力をかけない

　ロープに急激な荷重がかかると、簡単に切れてしまうことがあります。ロープに力をかけるときは、ゆっくりとかけましょう。また、一度急激な荷重がかかったロープは、傷んだものとして使用を控えます。

## 傷んだロープを使うとき

　傷んだロープを使わざるを得ないときは、二重止め結び（下図）や二重8の字結び（P51）を活用し、傷んだ部分に直接負荷がかからないようにして使いましょう。ただし、これらは応急処置です。そのまま使い続けたり、命にかかわる場面で使ったりすることはできないので気を付けましょう。

## 傷んだロープを使う

二重止め結び

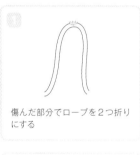

傷んだ部分でロープを２つ折りにする

二重になった元を折り返す

上から回して、できた輪の中にループをくぐらせる

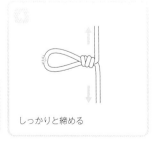

しっかりと締める

# ロープのメンテナンス

　ロープを使用した後は、しっかりとメンテナンスをして、できるだけ劣化しないように努めましょう。

　使用したロープは、まず傷やキンクができていないかを点検します。

　次に汚れを落とします。必要ならブラシなどで軽くこすりながら水洗いします。ただし、前述の通り水分や湿気はロープの大敵ですので、日陰でしっかりと乾燥させるようにしましょう。また、海水に浸かった場合は、しばらく水につけて塩気を抜く必要があります。

　十分に乾いたら、ロープをまとめて保管します。その際は「ロープを収納する」(P24〜)を参考にして、キンクなどができないようにします。保管場所は直射日光が当たらず、風通しがよい場所を選ぶようにしましょう。

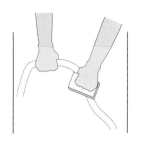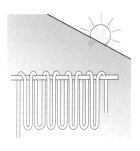

ロープは水洗いして、直射日光の当たらない場所で干す

## ロープを収納する

　ロープを収納する際には、キンクと呼ばれるよじれができないように気を付けましょう。細いロープや短いロープは手で折りたたんだり、腕を使ってまとめます。太く長いロープは、たたむように束ねていきます。腕でたたみにくい長さのものは、首を使って2つに振り分けながらまとめ、最後にばらけないようにしばっておきます。

## 細いロープをまとめる①

棒結び

ロープの端を数回折りたたむ

残りのロープを巻きつける

巻き終えたら、最後に巻いた部分に端を通す

しっかりと締める

# 細いロープをまとめる②

ロープで輪を作る

端をロープの束に巻きつける

さらに上からもう一度巻きつけて、その下をくぐらせる

結び目を締める

# ロープをまとめる①

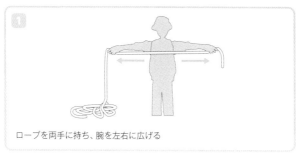

ロープを両手に持ち、腕を左右に広げる

右手のロープを左手に移す

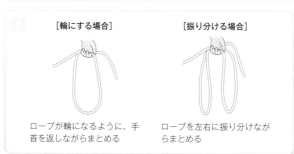

| ［輪にする場合］ | ［振り分ける場合］ |
|---|---|
| ロープが輪になるように、手首を返しながらまとめる | ロープを左右に振り分けながらまとめる |

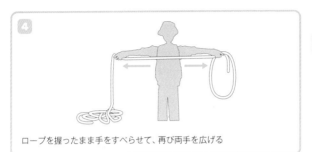

ロープを握ったまま手をすべらせて、再び両手を広げる

同じようにロープをまとめていく

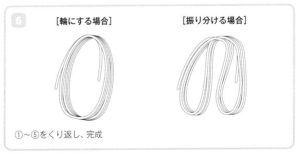

①~⑤をくり返し、完成

# ロープをまとめる②

ロープを端から首にかけ、元の
ほう（図では右側）を両手で持つ

両手を上に持ち上げる

真上まで上げたら、両手を真横
に下ろす

右手でロープを引いて首にかけ
る（左手はロープをすべらせる）

体の右側にロープが振り分けられる

体の左側にきたロープの元を両手で握る

②～④と同じ動作を行う
（手の動きは左右逆になる）

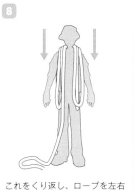

これをくり返し、ロープを左右に振り分けていく

# まとめたロープをしばる①

ファイヤーマンズコイル
Fireman's Coil

ロープで輪を作る

ロープの端で小さな輪を作る

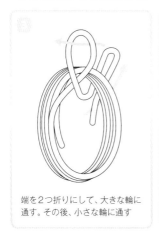

端を2つ折りにして、大きな輪に通す。その後、小さな輪に通す

端とループを締める

# まとめたロープをしばる②

ロープで輪を作り、端を2つ折りにする

2つ折りにしてできたループを後ろから輪の中に通す

図のように輪に巻きつけ、新しくできた輪にループを通す

ループを締めると輪ができて、つり下げることができる

# 振り分けたロープをしばる①

振り分けたロープの中央を折り、折り目近くに端を3回ほど巻きつける

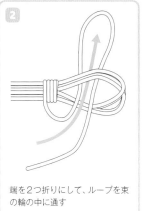

端を2つ折りにして、ループを束の輪の中に通す

ループを手前に折り返す

ロープの端を引いて締める

# 振り分けたロープをしばる②

端を折り返し、ループを作る

もう一方の端を、束に4回ほど巻きつける

巻きつけた端をループに通す

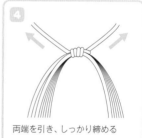
両端を引き、しっかり締める

両端で本結び（P144）を作る

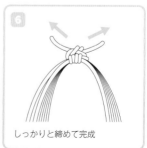
しっかりと締めて完成

# ロープワークの上達のコツ

　ロープワークは、ときには命にもかかわる大切なもの。また、日常生活や緊急時にも役立つ場面がたくさんあります。基本的な結び方をいくつか覚えておけば、さまざまなシーンで活用することができます。

　といっても本を読んで一度結んだだけでは、結び方を覚えることはできません。必要なときに素早くしっかりと結べるよう、次のことを心がけてみましょう。

## ◆ 日常的に練習する

　うまく結べるようになるには、くり返し練習することです。テレビを見ながら、音楽を聴きながら、トイレの中で…などなど、手の空いているときはできるだけロープを手に持ち、練習するようにしましょう。

## ◆ 現場で実践する

　実践の機会をたくさん持つことも大切です。例えばキャンプに行ったときは、タープを張る、丸太を組む、ブランコを作るなど、積極的にロープを使ってみましょう。

　現場で使えば使うほど、ロープワークは上達します。また、現場だからこそわかる、結び方のポイントがたくさんあります。うまく結べないという経験を通じて工夫や対処法を覚えれば、ロープを安全に使うことができます。

# キャンプに役立つ
## ロープワーク

## テントやタープのためのロープワーク

　キャンプではテントやタープを張るために、ロープを木や石に結んだりします。また洗濯用のひもを張るなど、ロープを他の物に結んで使う機会はいろいろあります。さらにロープの長さが足りなければ、ロープをつないで長くする必要もあります。アウトドアやキャンプでは、ロープが大活躍するのです。

　特にもやい結びやふた結び、固め止め結びは、利用範囲の広い結び方です。しっかりとマスターし、キャンプに活用しましょう。

## ロープを木に結ぶ①

もやい結び
Bowline Knot

輪を作ってから、木に巻きつける

端を輪の中に通す

**3** 端を元のロープの
下に通す

**4** 再び輪の中に通す

**5** 端と元のロープを
強く引いて締める

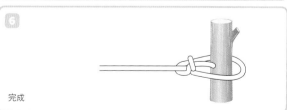

**6** 完成

# ロープを木に結ぶ②

ロープを木に巻きつけて、
元の下にくぐらせる

端を輪の中に通す
（ひと結び）

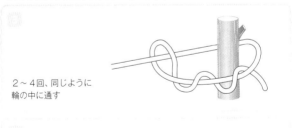

2〜4回、同じように
輪の中に通す

元と端を強く引き、
締めて完成

# ロープを木に結ぶ③

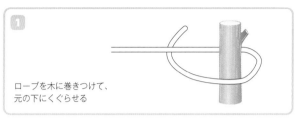

**1** ロープを木に巻きつけて、
元の下にくぐらせる

**2** 端を輪の中に通す
（ひと結び）

**3** 元側にもう1つ、
ひと結びを作る

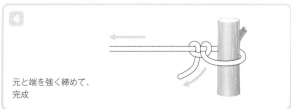

**4** 元と端を強く締めて、
完成

# ロープの長さを調節できる結び方

張り綱結び
Tautline Hitch

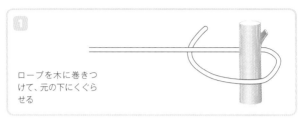

ロープを木に巻きつ
けて、元の下にくぐら
せる

端を輪の中に通す（ひ
と結び）※端は40cm
以上残しておく

②のひと結びから
30cmほど離れたと
ころで、再度ひと結
びを作る

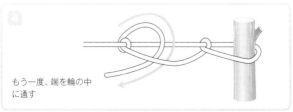

もう一度、端を輪の中
に通す

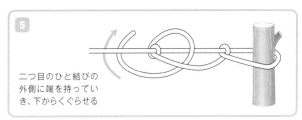

**5** 二つ目のひと結びの
外側に端を持ってい
き、下からくぐらせる

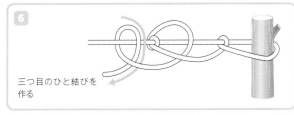

**6** 三つ目のひと結びを
作る

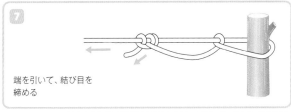

**7** 端を引いて、結び目を
締める

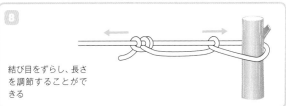

**8** 結び目をずらし、長さ
を調節することがで
きる

# ロープをぴんと張る

トラッカーズヒッチ
Trucker's Hitch

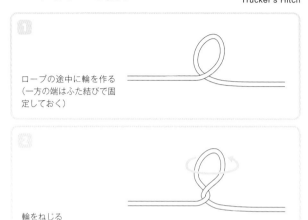

ロープの途中に輪を作る
（一方の端はふた結びで固
定しておく）

輪をねじる

端側にループを作り、輪
の中に通す。元側を引き、
結び目を締める

端を木に巻きつけた後、
輪の中に通して引っ張る

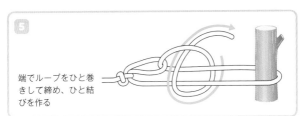

端でループをひと巻
きして締め、ひと結
びを作る

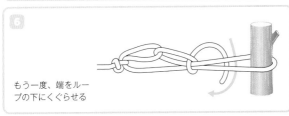

もう一度、端をルー
プの下にくぐらせる

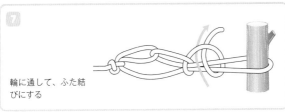

輪に通して、ふた結
びにする

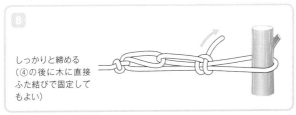

しっかりと締める
(④の後に木に直接
ふた結びで固定して
もよい)

# ロープを石に結ぶ①

ロープの途中に輪を作り、石の下に端をくぐらせる

端を輪の中に通す

端を元の向こう側に通し、再び輪の中に通す

端と元を強く引いて、締める

# ロープを石に結ぶ②

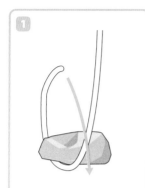

石の下にロープを通し、端と元
を交差させる

再び石の下に端を通す。元の上
に回した後、最初に交差させた
部分の下を通す

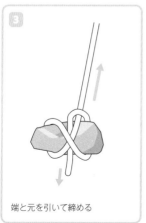

端と元を引いて締める

完成

# ロープとタープをつなぐ①

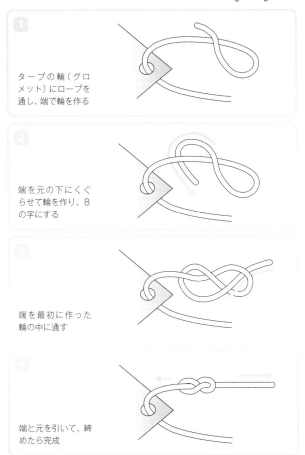

タープの輪（グロメット）にロープを通し、端で輪を作る

端を元の下にくぐらせて輪を作り、8の字にする

端を最初に作った輪の中に通す

端と元を引いて、締めたら完成

# ロープとタープをつなぐ②

固め止め結び
Double Overhand Knot

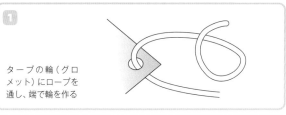

**1** タープの輪（グロメット）にロープを通し、端で輪を作る

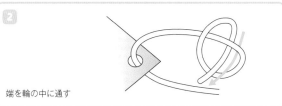

**2** 端を輪の中に通す

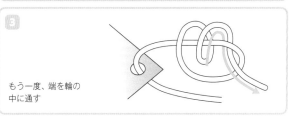

**3** もう一度、端を輪の中に通す

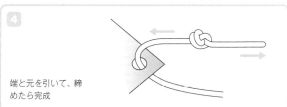

**4** 端と元を引いて、締めたら完成

# ロープとタープを結ぶ①

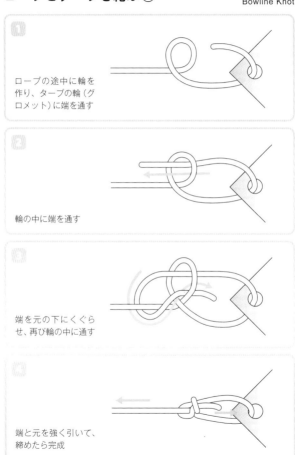

ロープの途中に輪を
作り、タープの輪（グ
ロメット）に端を通す

輪の中に端を通す

端を元の下にくぐら
せ、再び輪の中に通す

端と元を強く引いて、
締めたら完成

48

# ロープとタープを結ぶ②

ふた結び
Two Half Hitch

**1**

ロープをタープの輪
（グロメット）に通し、
端を元の下にくぐら
せる

**2**

できた輪の中に端を
通す（ひと結び）

**3**

再び端を元の下にく
ぐらせ、新しくできた
輪の中に通す

**4**

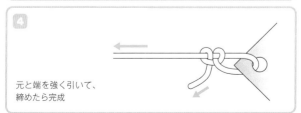

元と端を強く引いて、
締めたら完成

# タープを穴のない部分で結ぶ

小石をタープの中に入れ、タープの上からロープをかける

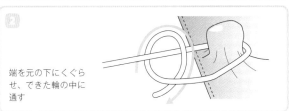

端を元の下にくぐらせ、できた輪の中に通す

再び端を元の下にくぐらせ、新しくできた輪の中に通す

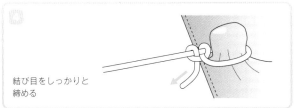

結び目をしっかりと締める

# ポールを立てる

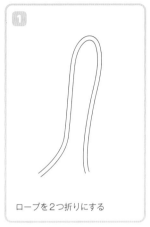

ロープを2つ折りにする

輪を作り、元に巻きつけて8の字
を作る

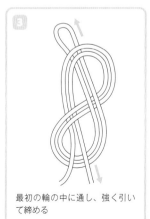

最初の輪の中に通し、強く引い
て締める

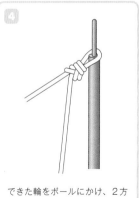

できた輪をポールにかけ、2方
向からポールを支える

# ロープをつなぐ・輪を作る①

**1** 2本のロープを平行にそろえる

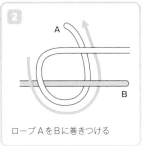

**2** ロープAをBに巻きつける

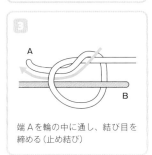

**3** 端Aを輪の中に通し、結び目を締める（止め結び）

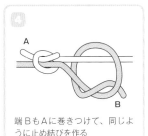

**4** 端BもAに巻きつけて、同じように止め結びを作る

**5** それぞれのロープの元を引き、結び目を近づける

**6** 結び目がくっついたら完成

# ロープをつなぐ・輪を作る②

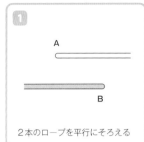

2本のロープを平行にそろえる

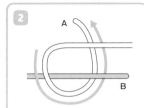

テグス結び（P52）と同様に、ロープAをBに巻きつける

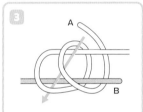

端Aをもう一度Bに巻きつけ、2つの輪の中に通して、締める

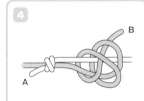

Bも同様に、Aに二度巻きしてから、輪の中に通して締める

それぞれのロープの元を引き、結び目を近づける

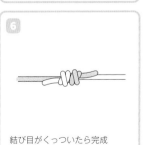

結び目がくっついたら完成

# 素材の違うロープをつなぐ①

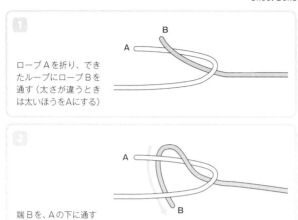

ロープAを折り、できたループにロープBを通す（太さが違うときは太いほうをAにする）

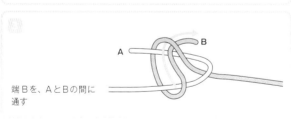

端Bを、Aの下に通す

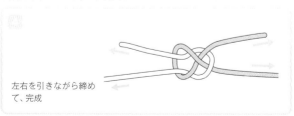

端Bを、AとBの間に通す

左右を引きながら締めて、完成

# 素材の違うロープをつなぐ②

二重継ぎ<br>Double Sheet Bend

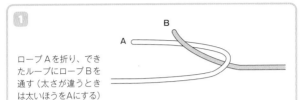

1
ロープAを折り、できたループにロープBを通す（太さが違うときは太いほうをAにする）

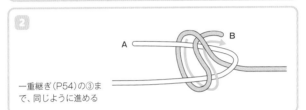

2
一重継ぎ（P54）の③まで、同じように進める

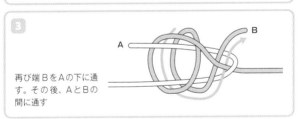

3
再び端BをAの下に通す。その後、AとBの間に通す

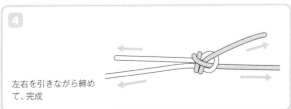

4
左右を引きながら締めて、完成

# ロープを強くつなぐ

**1**

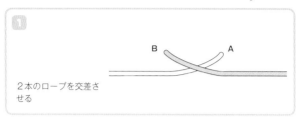

２本のロープを交差させる

**2**

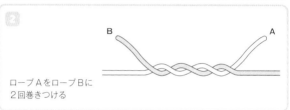

ロープＡをロープＢに２回巻きつける

**3**

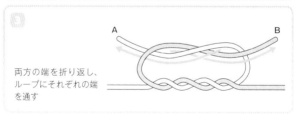

両方の端を折り返し、ループにそれぞれの端を通す

**4**

強く引いて結び目を締め、完成

# テープをつなぐ

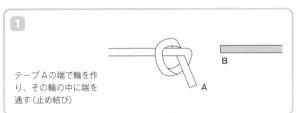

1

テープAの端で輪を作り、その輪の中に端を通す（止め結び）

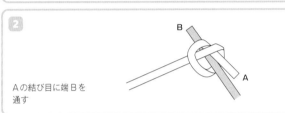

2

Aの結び目に端Bを通す

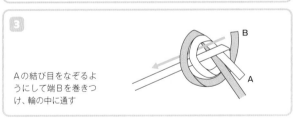

3

Aの結び目をなぞるようにして端Bを巻きつけ、輪の中に通す

4

それぞれの端と元を強く引き、結び目を締める

　キャンプ場では、テントを張るといった基本的なロープワーク以外にも、物をつるす、丸太を組む、三脚を作るなど、知っていると便利なロープワークがあります。キャンプをより快適にするために、覚えておきましょう。結び方もよろい結びやひばり結びなど、応用範囲の広いものです。

## 物をつるす①

よろい結び
Manharness Knot

ロープの途中に輪を作り、一部を外側にたぐり寄せる

元の輪の一部をたぐり寄せて、下の輪の中に通す

くぐらせた輪とロープの両端を引き、締める

完成した輪に、カラビナやフックなどを使って物をつるす

# 物をつるす②

ひばり結び
Cow Hitch

2
キャンプに役立つロープワーク

**1**

テグス結び（P52）などを使い、
ロープで輪を作る

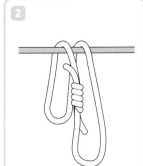

**2**

輪になったロープを、他のロー
プなどにかける

**3**

一方のループを、もう一方のルー
プに通す

**4**

下に引いて完成（カラビナなどを
使って物をつるす）

# ひっかかりのない物をつるす

**1**

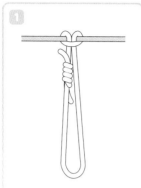

よろい結び（P58）やひばり結び（P59）で、物をつるす輪を作る

**2**

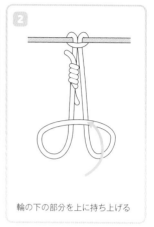

輪の下の部分を上に持ち上げる

**3**

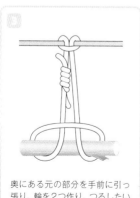

奥にある元の部分を手前に引っ張り、輪を2つ作り、つるしたい物を通す

**4**

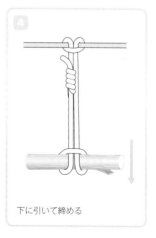

下に引いて締める

# ロープをくくりつけてつるす①

輪にしたロープの一部を、棒などの後ろに通す

左のループの中に通すようにして、ロープを棒に巻きつける

3回ほど同じように巻きつける

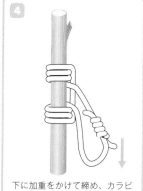

下に加重をかけて締め、カラビナなどを使って物をつるす

# ロープをくくりつけてつるす②

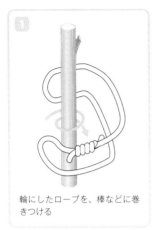

輪にしたロープを、棒などに巻きつける

3～5回巻きつける

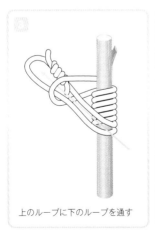

上のループに下のループを通す

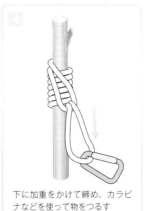

下に加重をかけて締め、カラビナなどを使って物をつるす

# ロープをくくりつけてつるす③

オートブロックノット
Autoblock Knot

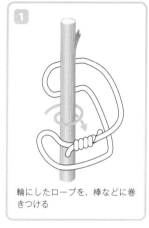

1
輪にしたロープを、棒などに巻きつける

2
3～5回巻きつける

3
上のループと下のループにカラビナをかける

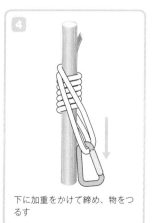

4
下に加重をかけて締め、物をつるす

# まきを運ぶ①

テグス結び（P52）などを使い、ロープで輪を作る

ロープの上にまきの束をのせる

一方のループに、もう一方のループを通す

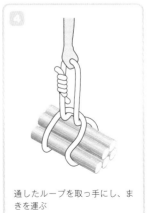

通したループを取っ手にし、まきを運ぶ

# まきを運ぶ②

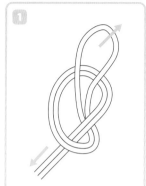

**1**

ロープの端を2つに折り、二重止め結び（P22）を作る

**2**

ロープの上にまきの束をのせ、端を輪の中に通す

**3**

もう一度まきの下に通し、ロープがずれないようにふた結び（P39）で固定する

**4**

中央のロープを持って、まきを運ぶ

# 丸太を組む①

縦の棒にロープを巻きつけて、元の下にくぐらせる

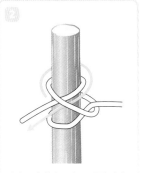

もう一度巻きつけて、同じように元の下にくぐらせて締める（巻き結び）

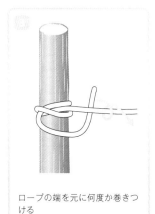

ロープの端を元に何度か巻きつける

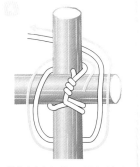

横棒を直角に組み、固定できるように、ロープを図のように巻きつける

66

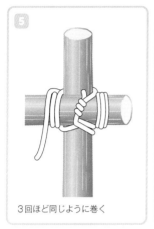

3回ほど同じように巻く

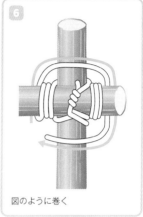

図のように巻く

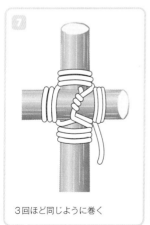

3回ほど同じように巻く

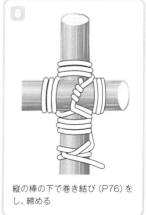

縦の棒の下で巻き結び (P76) を
し、締める

# 丸太を組む②

① 2本の棒を交差させてから、ロープを巻きつけて、端を元の下にくぐらせる

② 端を輪の中に通し、ひと結びを作る

③ 端をさらに数回輪の中に通し、ねじり結び（P38）を作り、締める

④ ロープを横方向に巻きつける

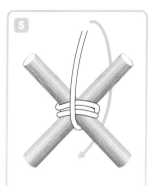

5 3回ほど巻きつけたら、今度は縦に3回巻きつけていく

6 図のように、2本の棒に斜めに巻きつけていく

7 2〜3回巻いたら、棒の1つに巻きつけ、巻き結び（P76）を作る

8 端を強く引いて、締めたら完成

# 丸太を組む③

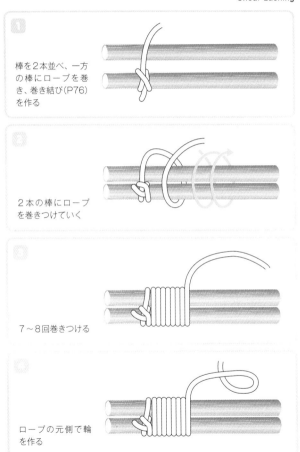

棒を2本並べ、一方
の棒にロープを巻
き、巻き結び(P76)
を作る

2本の棒にロープ
を巻きつけていく

7～8回巻きつける

ロープの元側で輪
を作る

70

**5**

上の棒に輪を通し、
ロープを強く引く

**6**

再度、輪を作る

**7**

同じように棒に通す

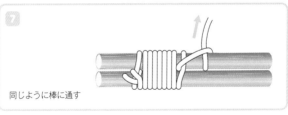

**8**

ロープを引き、しっ
かり締めたら完成

# 二脚を組む

巻きしばり
Shear Lashing

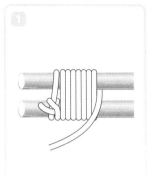

**1** 巻きしばり（P70③まで）をややゆるめに行い、2本の棒の間にロープを通す

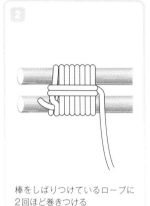

**2** 棒をしばりつけているロープに2回ほど巻きつける

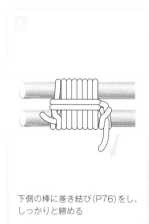

**3** 下側の棒に巻き結び（P76）をし、しっかりと締める

**4** 棒を開いて、二脚の完成

# 三脚を組む

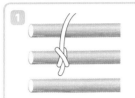

3本の棒を並べて、真ん中の棒に
ロープをかけ、巻き結び (P76)
を行う

3本の棒に7〜8回、ロープを
ややゆるめに巻きつけ、2本の
棒の間にロープを通す

棒をしばりつけているロープに
2回ほど巻きつける

もう1つの棒と棒の間にロープ
を通し、同様に巻きつける

下側の棒に巻き結び (P76)をし、
しっかりと締める

棒を開いて、三脚の完成

2

キャンプに役立つロープワーク

73

# 丸太を運ぶ

丸太の一方の端にロープを巻きつけ、ひと結びを作る

さらに2～3回ほど端を巻きつけ、ねじり結び（P38）にして締める

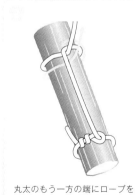

丸太のもう一方の端にロープを巻きつけて、ひと結びを作る

端を引っ張って丸太を運ぶ
（ロープが傷みやすいので注意）

山登りに役立つ
ロープワーク

## 山登りでのロープワーク

　山登りのロープワークは、ときには命にかかわるものです。決して難しい結び方ではありませんが、必ず上級者のもとで指導を受けながら練習するようにしましょう。またザイル（登山用ロープ）を体に結ぶ方法は、非常時の脱出などにも応用できるので、ぜひ覚えておきましょう。なお、この章ではロープをザイルと言い換えている部分があります。

## ザイルを木にしばる①

巻き結び
Clove Hitch

ザイルを木に巻きつけて、端を元の下にくぐらせる

もう一度ザイルを木に巻きつける（最初に巻いたザイルより上に）

図のように元の下をくぐらせる

端と元を引き、結び目を締める

# ザイルを木にしばる ②

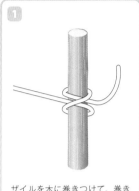

ザイルを木に巻きつけて、巻き結び（P76）を作る

もう一度、端を木に巻きつける

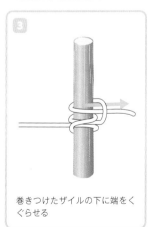

巻きつけたザイルの下に端をくぐらせる

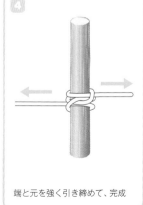

端と元を強く引き締めて、完成

# ザイルを岩にかける①

ザイルを2つ折りにする

輪を作り、元の下をくぐらせて8の字を作る

最初の輪の中に通し、強く引いて締める

できた輪を岩にかける

# ザイルを岩にかける②

**1**

ザイルを2つ折りにする

**2**

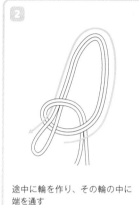

途中に輪を作り、その輪の中に端を通す

**3**

元の下をくぐらせ、もう一度輪の中に通す

**4**

元と端を引いて結び目を締め、できた輪を岩などにかける

# ザイルを体に結ぶ①

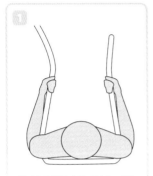

ザイルの端を右手で持ち、腰に
ザイルを回す
（左手はザイルにそえたまま）

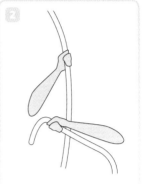

右手で持った端が上に来るよう
に、ザイルを交差させる

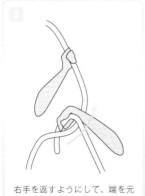

右手を返すようにして、端を元
の下にくぐらせる

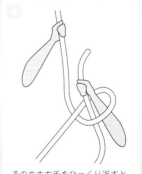

そのまま右手をひっくり返すと、
元側に輪ができ、その中に端が
通った状態になる

右手の指先を使って、端を元の下にくぐらせる

そのまま端を輪のほうに引き寄せ、輪の中に通す

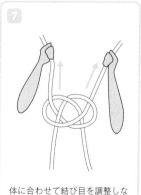

体に合わせて結び目を調整しながら締める

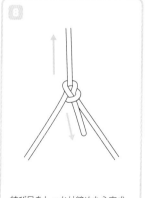

結び目をしっかり締めたら完成

# ザイルを体に結ぶ②

二重8の字結び
Double Figure Eight Knot

8の字結び（P46）を作る（これが最終的な結び目になるので、自分の腰回りに合わせた位置に作る）

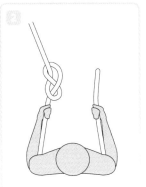

ザイルの端を腰に回し、結び目の近くに左手をそえる

8の字をなぞるようにして、端を結び目の中に通していく

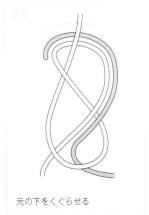

元の下をくぐらせる

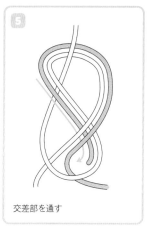

交差部を通す

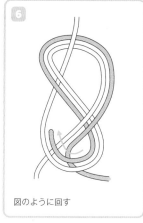

図のように回す

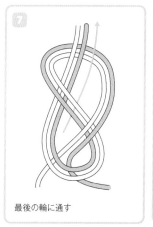

最後の輪に通す

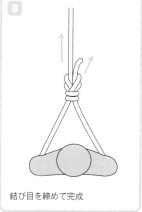

結び目を締めて完成

# ザイルを体に結ぶ③

腰かけ結び
Bowline On a Bight

ザイルを2つ折りにする（ザイル
の途中でも端でも、ザイルを体
にかけたい場所でよい）

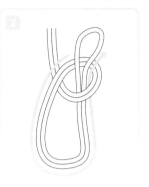

2つ折りにした部分で輪を作り、
その中にループを通す

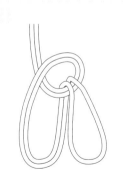

輪に通したループを下に向けて
広げる

広げたループの中に手を入れ、
奥の2つのループをつかみ、手前
に引き出す

84

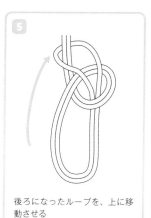

後ろになったループを、上に移動させる

元と下の輪を引き、締める

2つの輪は、一方を大きくすると他方が小さくなる

山登りではそれぞれ肩と腰に回して使う

85

# ザイルの途中に手がかりを作る①

よろい結び
Manharness Knot

ザイルを2つ折りにする（ロープの端でも途中でもよい）

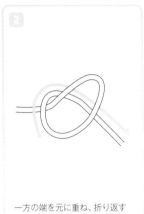

一方の端を元に重ね、折り返す

輪の下の部分を図のように引き出す

大きさと形を整えながら締める

# ザイルの途中に手がかりを作る②

中間者結び
Butterfly Knot

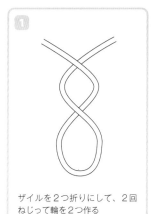

ザイルを2つ折りにして、2回ねじって輪を2つ作る

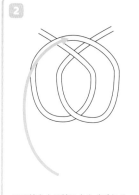

下の輪を上の輪に大きく重ねる

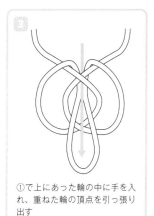

①で上にあった輪の中に手を入れ、重ねた輪の頂点を引っ張り出す

元と輪を引いて締める

3

山登りに役立つロープワーク

# 重い物を引き上げる

ロープの途中に輪を作り、引き
上げる物の取っ手やストラップ
に端を通す

輪の中に端を通す

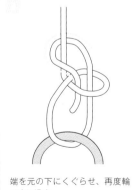

端を元の下にくぐらせ、再度輪
の中に通す

端と元を引いて締める

# 長い物を引き上げる

引き上げる物の一方の端にロープを巻きつけ、ひと結びを作る

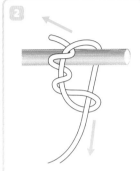

さらに2～3回ほど端を巻きつけ、ねじり結び (P38) にして締める

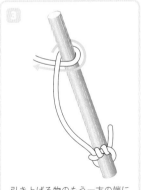

引き上げる物のもう一方の端にロープを巻きつけ、ひと結びを作る

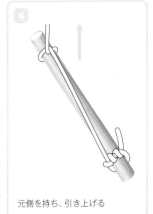

元側を持ち、引き上げる

# 細い物を引き上げる

引き上げる物にロープをかけ、
端を元に巻きつける

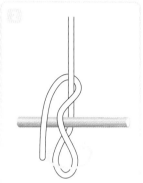

ループの部分をひねり、輪を作る

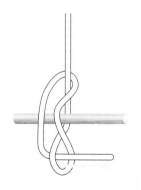

端を輪の中に通す

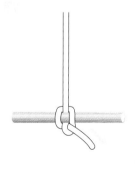

元を引いて強く締める
（端は長めに出しておく）

# 小物にひもをつける①

テグス結び（P52）などを使い、
輪を作る

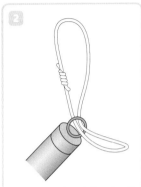

一方のループを、小物のリング
などに通す

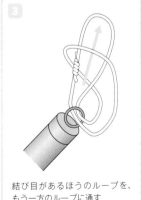

結び目があるほうのループを、
もう一方のループに通す

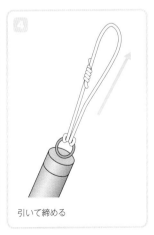

引いて締める

# 小物にひもをつける ②

ひもを2つ折りにする（先に小物のリングにひもを通してもよい）

両端をそろえて輪を作る

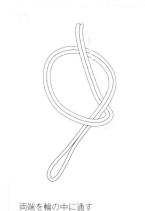

両端を輪の中に通す

しっかりと引いて締める
（ひばり結び用の輪になる）

# 小物にひもをつける③

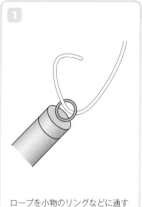

ロープを小物のリングなどに通す

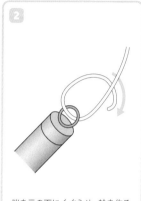

端を元の下にくぐらせ、輪を作る

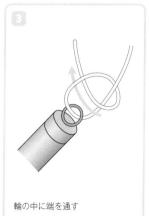

輪の中に端を通す

強く締める（両端をテグス結び
（P52）でつなげば、輪になる）

# 靴ひもをしばる

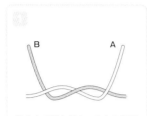

靴ひもを靴に通し、ひもの両端を交差させる

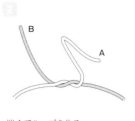

端Aでループを作る

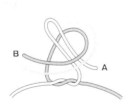

Aのループに、Bを巻きつける

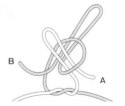

巻きつけたBの一部を2つ折りにし、Aのループの下にくぐらせる

2つのループを引いて、蝶結びの完成

さらにループを使って、止め結びを作るとほどけない

釣りに役立つ
ロープワーク

　釣りは、他のロープワークと違って、大変細い糸を使います。そのため、結びにくさを感じることもあるかもしれませんが、何度も練習しているうちに慣れてきます。

　結びがしっかりしていないと、魚を逃してしまうことにもなりかねません。ポイントを押さえ、結び方をマスターしましょう。

## リールに糸を結ぶ①

クリンチノット
Clinch Knot

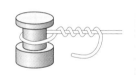

糸をリールのスプールに回し、端を元に4～5回巻きつける

端をスプールと糸の間に通す

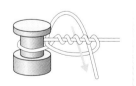

新しくできた輪の中に端を通す

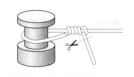

元を引いて結び目を締め、余分な糸はカットする

# リールに糸を結ぶ②

アーバーノット
Arbor Knot

**1**

糸をリールのスプールに回し、端を元に巻きつける

**2**

輪の中に端を通し、止め結びを作る

**3**

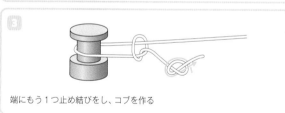

端にもう1つ止め結びをし、コブを作る

**4**

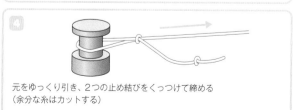

元をゆっくり引き、2つの止め結びをくっつけて締める
（余分な糸はカットする）

# ハリにハリスを結ぶ①

ハリに沿わせるようにして、ハリス（釣りバリに結ぶ糸）で輪を作る

端を輪の中に通し、ハリの軸とハリスを一緒に巻きつける

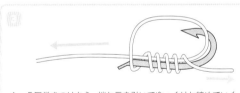

4～5回巻きつけたら、端と元を引いてゆっくりと締めていく

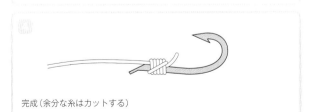

完成（余分な糸はカットする）

# ハリにハリスを結ぶ②

ハリスをハリに沿わせ、端を折り返す

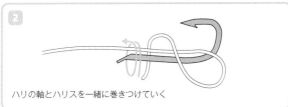

ハリの軸とハリスを一緒に巻きつけていく

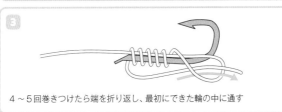

4～5回巻きつけたら端を折り返し、最初にできた輪の中に通す

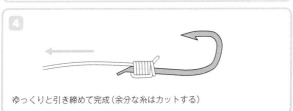

ゆっくりと引き締めて完成（余分な糸はカットする）

4

釣りに役立つロープワーク

# 連結金具に糸を結ぶ①

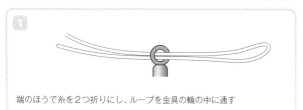

端のほうで糸を2つ折りにし、ループを金具の輪の中に通す

ループを元に巻きつけ、できた輪の中に通す

ループの中に金具を通す

糸を引き、結び目を締めて完成（余分な糸はカットする）

# 連結金具に糸を結ぶ②

チチワ結び
Double Figure Eight Knot

端のほうで糸を2つ折りにし、二重8の字結び（P51）の要領でチチワを作る

チチワを金具の輪の中に通す

金具をチチワの輪の中に通す

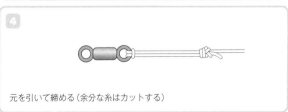

元を引いて締める（余分な糸はカットする）

# ルアーにラインを結ぶ①

フリーノット
Free Knot

ラインの端から少し離れた部分でゆるく止め結びを作り、端をルアーのリングに通す

端を止め結びの輪の中に通す

端を元に巻きつけてから、もう1つ止め結びを作る

ラインを引き、2つの結び目をくっつけて締める（余分なラインはカット）

# ルアーにラインを結ぶ②

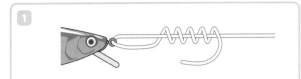

ルアーのリングにラインを通し、端を元に4〜5回巻きつける

ルアーの近くにできた輪の中に、端を通す

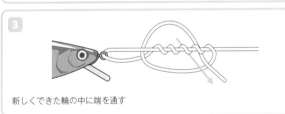

新しくできた輪の中に端を通す

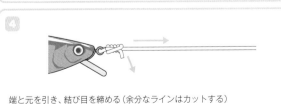

端と元を引き、結び目を締める（余分なラインはカットする）

　釣りが上達してくれば、仕掛けを自分で工夫するようになります。そんなときに欠かせないのが、釣り糸同士をつなぐ結び方です。糸同士を結んだり、枝ハリスをつけたりできるようになれば、釣りが一層楽しくなります。ルアーやフライフィッシングでも糸同士をつなぐことは頻繁にあるので、覚えておくと便利です。

## 糸と糸をつなぐ①

チチワ結び
Double Figure Eight Knot

糸を2つ折りにする

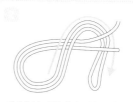

輪を作り、元に巻きつけて、8の字を作る

最初の輪の中にループを通す

ループと元を引き、結び目を締める（余分な糸はカットする）。このチチワを使って糸をつなぐ

# 糸と糸をつなぐ②

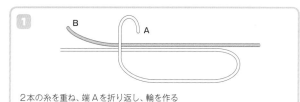

2本の糸を重ね、端Aを折り返し、輪を作る

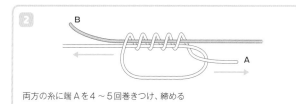

両方の糸に端Aを4～5回巻きつけ、締める

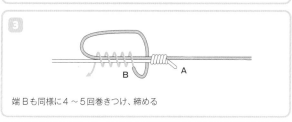

端Bも同様に4～5回巻きつけ、締める

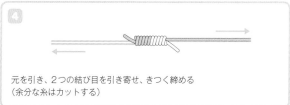

元を引き、2つの結び目を引き寄せ、きつく締める
（余分な糸はカットする）

# 糸と糸をつなぐ③

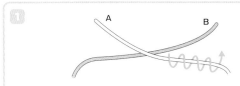

2本の糸を交差させ、端BをAに5～6回巻きつける

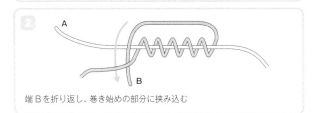

端Bを折り返し、巻き始めの部分に挟み込む

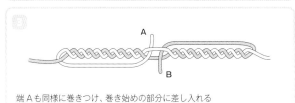

端Aも同様に巻きつけ、巻き始めの部分に差し入れる

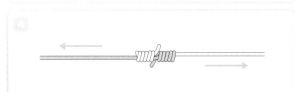

2本の糸を引っ張り、結び目を締める（余分な糸をカットする）

# 長い糸と短い糸をつなぐ

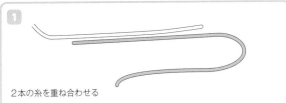

1 2本の糸を重ね合わせる

2 2本の糸を重ね合わせたまま、止め結びをゆるく作る

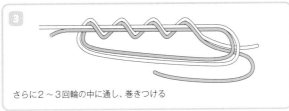

3 さらに2～3回輪の中に通し、巻きつける

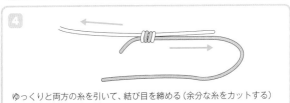

4 ゆっくりと両方の糸を引いて、結び目を締める（余分な糸をカットする）

# 太さの違う糸をつなぐ

オルブライトノット
Albright Knot

太い糸を2つ折りにして、細い糸をそのループにくぐらせる

細い糸の端を折り返し、太い糸に巻きつける

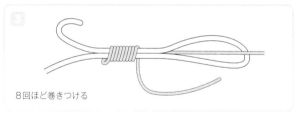

8回ほど巻きつける

細い糸の端を、再びループの中に通す

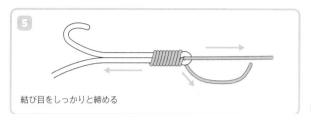

結び目をしっかりと締める

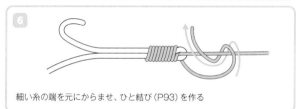

細い糸の端を元にからませ、ひと結び（P93）を作る

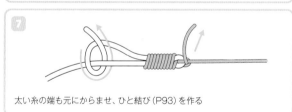

太い糸の端も元にからませ、ひと結び（P93）を作る

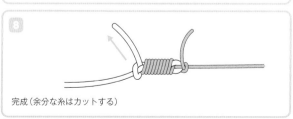

完成（余分な糸はカットする）

# 枝ハリスを作る（幹糸に輪を作る）

よりチチワ結び

幹糸の途中に輪を作る

元の部分を輪の中に引き入れる
ようにして、3～4回巻きつける

最初に作った輪の一部を、巻きつ
けてできた輪の中に引き入れる

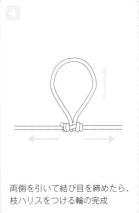

両側を引いて結び目を締めたら、
枝ハリスをつける輪の完成

# 枝ハリスを作る（枝ハリスをつける）

ひばり結び
Cow Hitch

**1** 枝ハリスの端で、二重8の字結び（P51）を作る

**2** 幹糸の輪に枝ハリスを通す

**3** 枝ハリスの輪にハリを通す

**4** 引き締めて完成

4

釣りに役立つロープワーク

# 枝ハリスを直接結ぶ

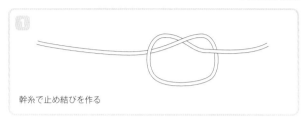

幹糸で止め結びを作る

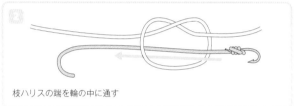

枝ハリスの端を輪の中に通す

枝ハリスの端で輪を作り、さらに端を幹糸と輪に2回ほど巻きつける

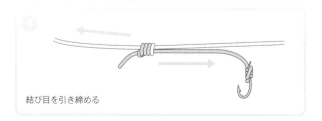

結び目を引き締める

ロープで遊ぶ

## ロープで遊ぶ

　ロープを使えば、さまざまな遊びが楽しめます。縄ばしごやブランコ、投げ縄など、どれも楽しいばかりでなく、遊んでいるうちにロープワークの技術も向上させてくれます。乗馬やボートのロープワークもあるので、機会があれば使ってみましょう。

## 縄ばしごを作る①

連続止め結び
Overhand Knot in Series

作りたいコブの数だけ、ロープの途中に輪を作る

輪の中に端を通し、止め結びを作る

次の輪に端を通し、順に止め結びを作る

すべてのコブができたら完成（木などに結び、縄ばしごに）

# 縄ばしごを作る②

**1**

作りたいコブの数だけ、ロープの途中に8の字を作る

**2**

8の字の上の輪に端を通し、8の字結び（P46）を作る

**5**

ロープで遊ぶ

**3**

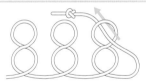

次の輪に端を通し、順に8の字結びを作る

**4**

すべてのコブができたら完成（木などに結び、縄ばしごに）

# 縄ばしごを作る③

ロープを2つ折りにする

ループになった端の部分で、二
重8の字結び（P51）を作る

元の部分を左右に分け、一方で
輪を1つ作り、さらに折り返す。
もう一方を、できた輪に通す

3つ折りになった部分に巻きつ
ける

端までぴったりと、すきまなく
巻きつける

端にできた輪に通す

左右に引き、しっかりと締める

これをくり返して、縄ばしごを
作る

# 縄ばしごを作る④

ロープを2つに折る

ループの近くに、もう1つ小さ
なループを作る

ループに端を通す

端をループの後ろに回す

もう一度輪の中に通す

両側を引いて締める（2：1ぐらいの割合で左右の長さを変える）

同じようにして輪を作っていく（左右の長さを交互に変える）

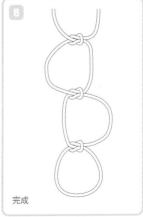

完成

# 丸太ばしごを作る

ロープの端を丸太にかけて、元の下をくぐらせる

ループの部分をひねり、輪を作る

端を輪の中に通し、引き締める

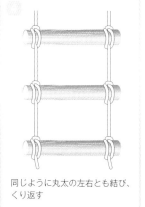

同じように丸太の左右とも結び、くり返す

# ブランコを作る①

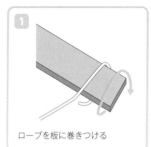

ロープを板に巻きつける

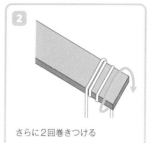

さらに2回巻きつける

ひと巻き目を中央に移す

一番内側になったふた巻き目を、
板の下に回す

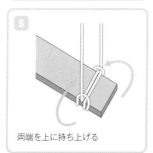

両端を上に持ち上げる

強く引いて締める

# ブランコを作る②

腰かけ結び
Bowline On a Bight

ロープを2つ折りにする

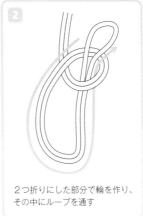

2つ折りにした部分で輪を作り、
その中にループを通す

輪に通したループを下に向けて
広げる

広げたループの中に手を入れ、
奥の2つのループをつかみ、手前
に引き出す

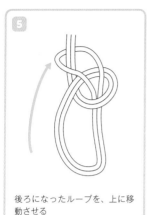

後ろになったループを、上に移動させる

元と下の輪を引き、締める

木の枝などにロープの端を結ぶ

完成

# 投げ縄を作る

ロープの端でゆるく止め結びを作る（端は長く残しておく）

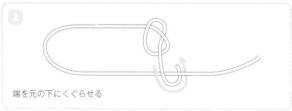

端を元の下にくぐらせる

止め結びの輪の中に端を通す

端と元を引き、止め結びを締める

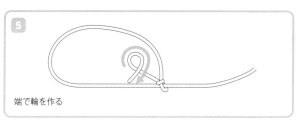

端で輪を作る

輪の中に端を通し、止め結びをもう1つ作る

結び目をしっかりと締める

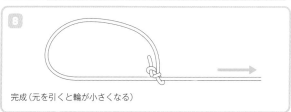

完成（元を引くと輪が小さくなる）

# 馬をつなぐ①

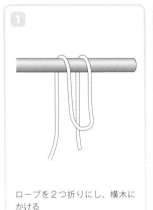

ロープを２つ折りにし、横木に
かける

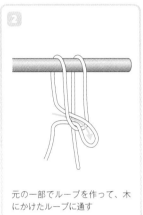

元の一部でループを作って、木
にかけたループに通す

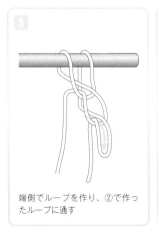

端側でループを作り、②で作っ
たループに通す

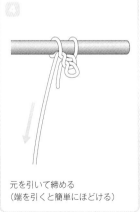

元を引いて締める
（端を引くと簡単にほどける）

# 馬をつなぐ ②

片花結び
Slipped Reef Knot

5
ロープで遊ぶ

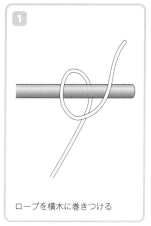

ロープを横木に巻きつける

端の一部でループを作る

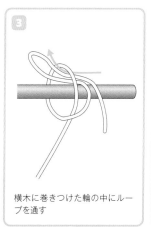

横木に巻きつけた輪の中にループを通す

元を引いて締める
（端を引くと簡単にほどける）

# ボートを係留する①

ロープの端に輪を2つ作る

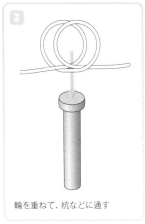

輪を重ねて、杭などに通す

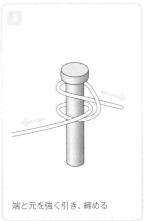

端と元を強く引き、締める

完成（最後に端にひと結び(P93)
を加えてもよい）

# ボートを係留する②

5
ロープで遊ぶ

**1**

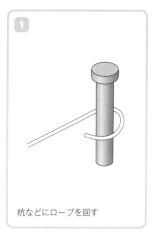

杭などにロープを回す

**2**

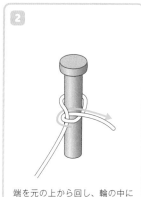

端を元の上から回し、輪の中に通す

**3**

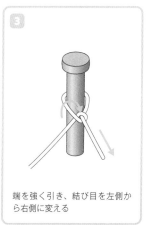

端を強く引き、結び目を左側から右側に変える

**4**

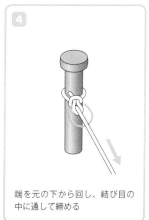

端を元の下から回し、結び目の中に通して締める

# アンカーをしばる

アンカー結び＆もやい結び
Fisherman's Bend & Bowline Knot

アンカーの輪にロープを２回通す

端を元の下にくぐらせてから、
①でできた輪に通し、締める
（アンカー結び）

片方のロープを端に巻きつけ、
輪を作る

端を元の下にくぐらせ、輪に再
び通し、締める（もやい結び）

# Chapter 6

# 日常生活・災害時に
# 役立つロープワーク

## 日常生活のロープワーク

　新聞や雑誌をまとめるときなど、日常生活でもロープ（ひも）を使う機会はいろいろあります。結び方を覚えておくと、家事がスムーズにでき、便利です。

　箱をしばるときは、かけ始めの結び→かけ方→かけ終わりの結びの3つのステップで進めます。いくつかパターンがあるので、荷物の形状に合わせて選びましょう。

## 新聞・雑誌を束ねる①

かます結び

新聞などの束にひもを2回巻きつけ、しっかりと締める

一方の端を折り返す。折り返した部分を押さえるように、もう一方の端を上から下へ回し入れる

折り返したループの中に端を通し、締める

折り返した端も締め、完成

# 新聞・雑誌を束ねる ②

**1** 新聞などの束に、ひもを2回巻きつける

**2** 端を交差させてそれぞれ向きを変え、一方を2回巻きつける

**3** 巻きつけた端を、図のようにひもの下にくぐらせる

**4** 本結び（P144）で締めて完成

# 箱をしばる（かけ始め）①

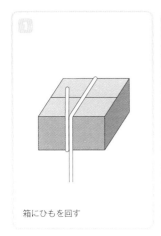

箱にひもを回す

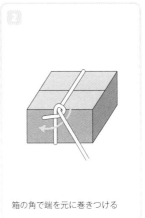

箱の角で端を元に巻きつける

強く引いて端をしっかり止める

元を箱に回す

# 箱をしばる（かけ始め）②

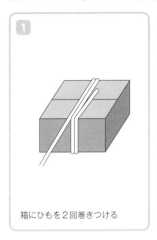

箱にひもを2回巻きつける

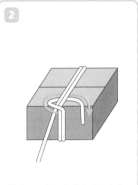

端を元の上に交差させてから、
下に通す

端を引き、角のところで止める

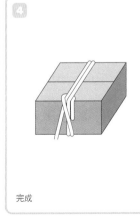

完成

# 箱をしばる（かけ方）①

箱にひもを回す

箱の中央で、端を交差させる

一方の端をもう一度箱に回して
完成

[２回巻く場合]

縦横２回ずつ巻いてもよい

# 箱をしばる（かけ方）②

表

箱の3分の1ぐらいの位置に、交差を2つ作る

裏

箱を裏返し、裏を通っているひもに端を巻きつける

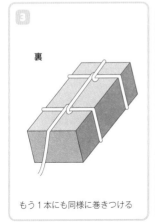

裏

もう1本にも同様に巻きつける

表

表に返して完成

6
日常生活・災害時に役立つロープワーク

137

# 箱をしばる（かけ方）③

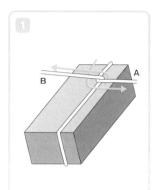

箱の長辺と平行になるようにひもを回し、角の近くで交差させる

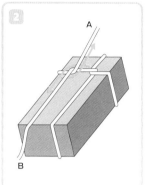

端Aを箱の裏側から回し、隣の角で再び交差させる

端Aを箱の裏側から回し、三つ目の交差を作る

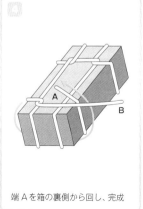

端Aを箱の裏側から回し、完成

138

# 箱をしばる（かけ方）④

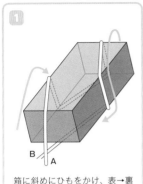

箱に斜めにひもをかけ、表→裏
→表→裏となるように4つの角
にひもを回す

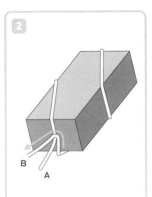

端Bを端Aの上に交差させる

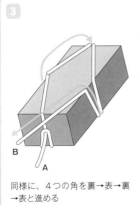
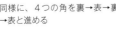

同様に、4つの角を裏→表→裏
→表と進める

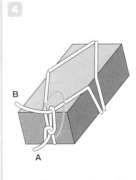

端Aを端Bの上から通し、さら
に最初のループに通す

# 箱をしばる（かけ方）⑤

箱の縦・横・高さを測り、縦と横の合計の10倍の長さのひもを用意する

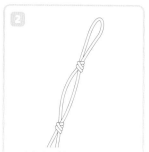

ひもを2つ折りにし、二重止め結び（P22）を2つ作る。このとき一つ目の輪は箱の高さ＋縦の半分ぐらいに、二つ目の輪は縦の長さと同じぐらいにする

表

二つ目の輪を箱の中央に置く

裏

ひもの端と一つ目の輪を箱の裏に回し、端を輪の中に通す。端を左右に分け、表に回す

5

表

ひもの端を二つ目の輪に通し、
再び裏側に回す

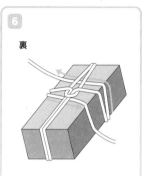

6

裏

2本の端を、長辺にかかったひ
もの下にそれぞれくぐらせる

7

裏

十字方向にかけ、表側に回す

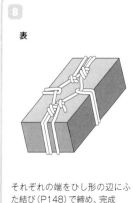

8

表

それぞれの端をひし形の辺にふ
た結び（P148）で締め、完成

# 箱をしばる（交差部を結ぶ）①

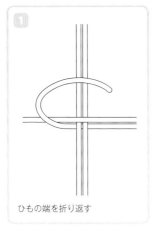

ひもの端を折り返す

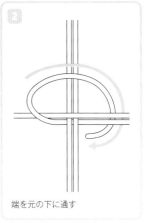

端を元の下に通す

端を輪の中に通す

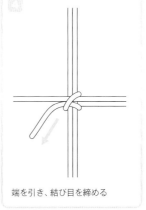

端を引き、結び目を締める

# 箱をしばる（交差部を結ぶ）②

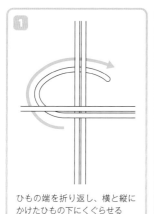

**1** ひもの端を折り返し、横と縦にかけたひもの下にくぐらせる

**2** 次の横のひもと交差するときは、上にかける

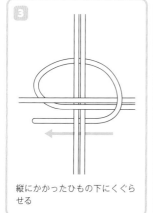

**3** 縦にかかったひもの下にくぐらせる

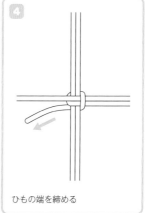

**4** ひもの端を締める

# 箱をしばる（結び方）①

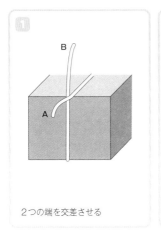

2つの端を交差させる

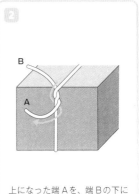

上になった端Aを、端Bの下に
くぐらせる

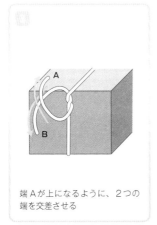

端Aが上になるように、2つの
端を交差させる

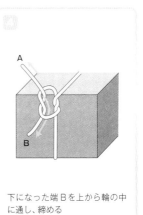

下になった端Bを上から輪の中
に通し、締める

# 箱をしばる（結び方）②

2つの端を交差させ、本結びと同様に端Aを端Bにくぐらせる

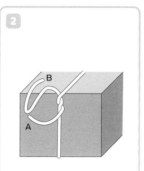

端Bを2つ折りにして、ループを作る

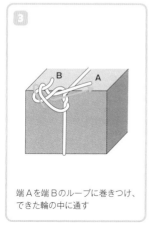

端Aを端Bのループに巻きつけ、できた輪の中に通す

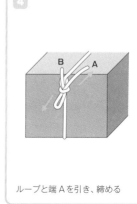

ループと端Aを引き、締める

6

日常生活・災害時に役立つロープワーク

145

# 箱をしばる（結び方）③

**1**

端Aを端Bの上から下にくぐらせる

**2**

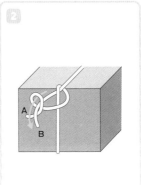
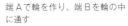

端Aで輪を作り、端Bを輪の中に通す

**3**

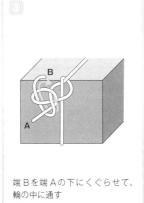

端Bを端Aの下にくぐらせて、輪の中に通す

**4**

両端を引き、しっかりと締める

# 箱をしばる（結び方）④

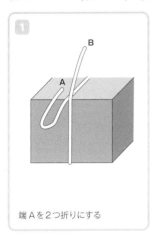

端Aを2つ折りにする

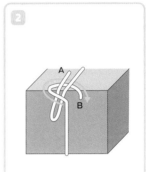

端Bを、端Aのループの上から
下にくぐらせる

端Bを下からループの中に通す

両端を引き、しっかりと締める

# 箱をしばる（ひもの途中で結ぶ）①

端をひもの上から下にくぐらせる

端と元を交差させ、できた輪に端を通す（ひと結び）

同じようにひと結びをもう1つ作る

結び目を引き、締める

# 箱をしばる（ひもの途中で結ぶ）②

**1** 端をひもの上から下にくぐらせる

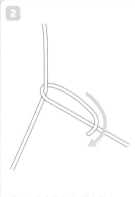

**2** 端と元を交差させ、輪を作る

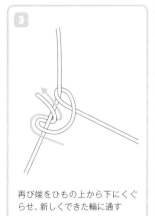

**3** 再び端をひもの上から下にくぐらせ、新しくできた輪に通す

**4** しっかりと引き、結び目を締める

6
日常生活・災害時に役立つロープワーク

149

# 円筒形の箱をしばる

箱を裏返し、ひもを2回巻きつける（表では交差させる）

2本の端を交差させる

上の端はひと巻き目の下に通し、下の端は上にかける

2本そろえて、横から表に回す

表の2本に下からくぐらせ、左右に分け、それぞれ元の下をくぐらせる

強く引いてひもが箱を3等分するようにし、蝶結びで締める

# スイカをしばる

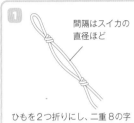

間隔はスイカの
直径ほど

ひもを2つ折りにし、二重8の字
結び（P51）で結び目を2つ作る

スイカの下にひもを通し、二つ
目の輪にスイカを入れる

一つ目の輪にひもの端を通す

下

端を左右に分け、スイカの下の
ほうに回し、二つ目の輪に通す

上

端をスイカの上に戻し、図のよ
うに反対側のループの下に通す

本結び（P144）で固定して完成

# 袋の口をしばる①

ひもを袋の口にひと巻きし、端を元の上にかける

ひもをもうひと巻きし、元の下側に通す

端をひと巻き目の輪の中に通す

両端を引き、締める

# 袋の口をしばる②

1 ひもを袋の口にひと巻きし、端を元の上にかける

2 ひもをもうひと巻きし、元の下側に通す

3 端をふた巻き目の輪の中に通し、ひと巻き目の輪の中に上から通す

4 両端を引き、締める

6 日常生活・災害時に役立つロープワーク

車やトラックなどに荷物を乗せるとき、誤った結び方をしていると事故の原因になってしまいます。結び始めはもやい結びなどでしっかりと固定し、結び終わりはワゴナーズヒッチやトラッカーズヒッチできつく締めるのが基本です。荷物を安全に運べるよう、しっかり覚えておきましょう。

## 車に荷物を積む（結び始め）①

もやい結び
Bowline Knot

元に輪を作り、端を車のバーやフックに通す

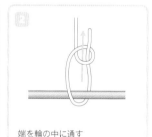

端を輪の中に通す

端を元の下にくぐらせ、再び輪の中に通す

しっかりと引いて、締める

# 車に荷物を積む（結び始め）②

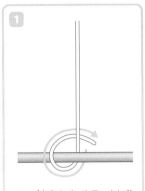

**1** ロープを車のバーやフックに巻きつけ、元の下にくぐらせる

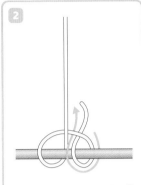

**2** もう一度車のバーやフックに巻きつけて、図のように通す

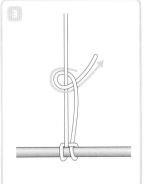

**3** 下から元に巻きつけて、ひと結びを作る

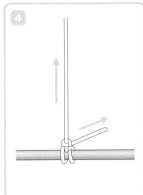

**4** 強く引いて、締める

6

日常生活・災害時に役立つロープワーク

155

# 車に荷物を積む（結び終わり）①

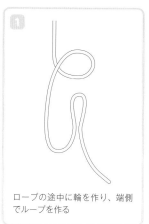

ロープの途中に輪を作り、端側でループを作る

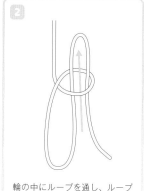

輪の中にループを通し、ループと元を引いて結び目を締める

下側の輪を右方向に2回ねじる

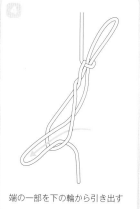

端の一部を下の輪から引き出す

156

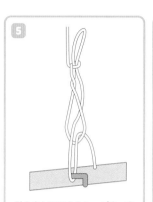

5 引き出してできたループを、車のフックなどにかける

6 端を強く引いて、ロープを締める（荷物をしっかり固定する）

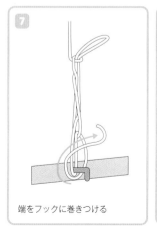

7 端をフックに巻きつける

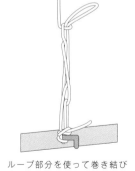

8 ループ部分を使って巻き結び（P76）を作り、完成

# 車に荷物を積む（結び終わり）②

ロープの途中に輪を作る

輪を下方向に1回ねじる

端の一部でループを作り、②の輪の中に通す。元を引き、結び目を締める

端を車のバーやフックに通す

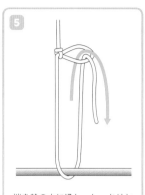

端を輪の中に通し、しっかりと引っ張る

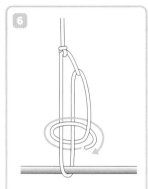

端を元の下にくぐらせて、ひと結びを作る

再び端を元の下に回し、ふた結びにする

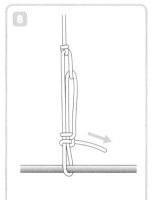

しっかりと引いて、締める

　家庭でもさまざまな場面でロープワークを使うことができます。ここではその例を2つ紹介しましょう。1つは家庭菜園などで柵を作るためのもの。もう1つは電気のコードなどをまとめるものです。特に後者はすぐにでも利用できる、便利なものです。

## 柵を作る①

固め止め結び
Double Overhand Knot

杭にロープを1回巻きつける

巻いた部分をねじり、輪を作る

輪を元の下から通し、杭に通す

左右に引き、結び目を締める

# 柵を作る ②

杭にロープをひと巻きする

元の下に通し、上から折り返す

端を輪の中に通す

両端を引き締める

6

日常生活・災害時に役立つロープワーク

# 電気のコードをまとめる①

巻き結び
Clove Hitch

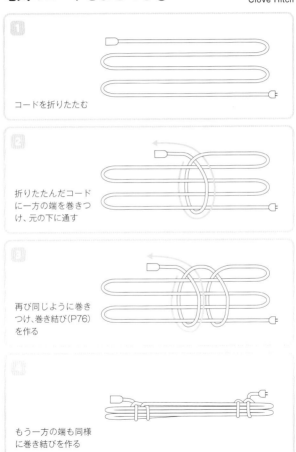

**1** コードを折りたたむ

**2** 折りたたんだコード
に一方の端を巻きつ
け、元の下に通す

**3** 再び同じように巻き
つけ、巻き結び(P76)
を作る

**4** もう一方の端も同様
に巻き結びを作る

# 電気のコードをまとめる②

縮め結び
Sheepshank

1

コードの不要な部分を3つ折りにする

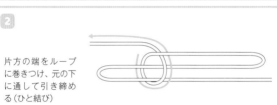

2

片方の端をループに巻きつけ、元の下に通して引き締める（ひと結び）

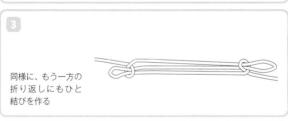

3

同様に、もう一方の折り返しにもひと結びを作る

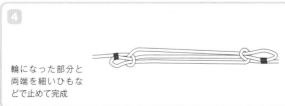

4

輪になった部分と両端を細いひもなどで止めて完成

6

日常生活・災害時に役立つロープワーク

　ロープは、災害時の避難などにも使えます。ここでは避難用ロープとして、足をかけることができるよろい結びを紹介しますが、連続止め結び（P114）や連続8の字結び（P115）なども使うことができます。また自分が高所から降りるときには、もやい結び（P80）などを使いましょう。

## 避難用ロープを作る

よろい結び
Manharness Knot

ロープの途中に輪を作り、輪の一部を元に重ねる

重ねてできた小さな輪から、元の輪を引き出す

足をかけやすい大きさになるよう、引き出した輪を調節しながら締める

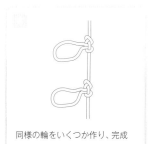

同様の輪をいくつか作り、完成

# シーツで避難用ロープを作る

本結び
Reef Knot

2枚のシーツの端を交差させ、上に交差した端Aを端Bの下に通す

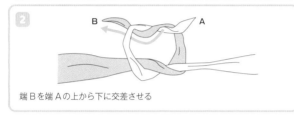

端Bを端Aの上から下に交差させる

しっかりと引き、結び目を締める

両端で止め結び(P92)を作る(これをくり返し、シーツでロープを作る)

# 高所から人を下ろす

**1** ロープを2つ折りにし、ループの部分をロープの裏に折り返す

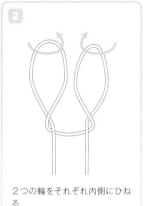

**2** 2つの輪をそれぞれ内側にひねる

**3** 左側の輪が右側の輪の中を通るよう、交差させる

**4** 下の輪の右側を、上に移動させる

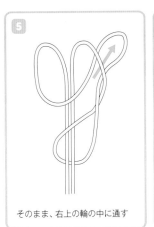

そのまま、右上の輪の中に通す

同様に下の輪の左側を、左上の輪の中に通す

両方の輪の大きさをそろえながら引き、締めれば完成

両足をそれぞれ2つの輪に入れて、人を下ろす（動けない人は上体も結ぶ）

6

日常生活・災害時に役立つロープワーク

## 車を牽引するときのロープワーク

　車が故障して動かない…そんなとき、牽引に利用できる
ロープワークを知っていると便利です。

　強度が高いロープなら、縮め結びを使いましょう。強度が
低いロープの場合は、くさり結びで強度を上げるのがおすす
めです。牽引するときはゆっくりと加速し、急な荷重がかか
らないように注意しましょう。

## 車を牽引する①

縮め結び
Sheepshank

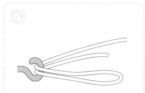

ロープの端を２つ折りにして、
車の牽引用フックにかける

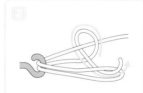

端を元に巻きつけてから、ルー
プに通す

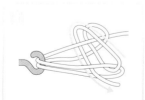

端を再び元に巻きつけ、ループ
に通して締める

端をもう一度元に巻きつけ、ルー
プを作る。そのループを輪に通
し、引き締める

# 車を牽引する②

くさり結び
Chain Knot

**1**

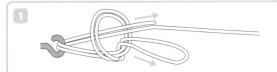

端を2つ折りにして車のフックにかけ、元にひと巻きしてから輪の中に通して締める

**2**

元の一部をループに通し、新しいループを作る

**3**

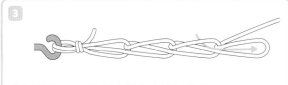

②をくり返し、ロープをくさり状にして、強度を高める

**4**

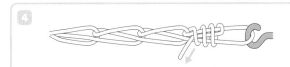

先端にできたループを、牽引する側のフックに通す。端をループに3回巻きつけ、その輪の中に通し、締める

6

日常生活・災害時に役立つロープワーク

　肩の脱臼や足首のねんざの応急処置に役立つのが、三角巾です。バンダナなど、他の布でも代用可能です。トラブルに備え、いつでも結べるように練習しておきましょう。

　また、ロープを使って人を背負う方法も、覚えておくと緊急時や災害時に便利です。

## 三角巾で肩を固定する

本結び
Reef Knot

ひじを直角に曲げて、三角巾の頂点がひじにくるように当てる

両方の端を肩にかける

首の後ろで、端を本結び（P144）で結ぶ

上腕部を包帯で固定すると効果的

# 三角巾で足首を固定する

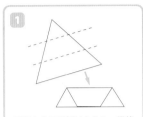

**1** 三角巾を二度折りたたみ、帯状にする

**2** 靴の土踏まずの部分に当てる

**3** 端を足首の後ろに回し、交差させる

**4** 足首の前で端を再び交差させる

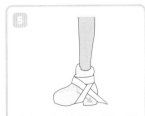

**5** 斜めにかかった部分の下に、端を通す

**6** 足の甲に回し、本結び（P144）で結ぶ

**6** 日常生活・災害時に役立つロープワーク

# 副え木で足を固定する

タオルやシャツなどを副え木に巻き、足をのせる

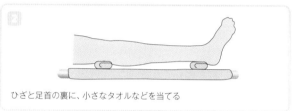

ひざと足首の裏に、小さなタオルなどを当てる

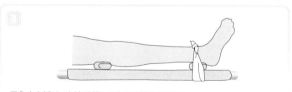

三角巾を折り、本結び（P144）で足首を固定する

同様に4ヵ所ほど固定する

# ロープで人を背負う

本結び
Reef Knot

ロープで輪を作りながら束ねる
（直径は地面から首ぐらいまでの
長さにするとよい）

端を元に数回巻きつけ、本結び
（P144）で結ぶ

ロープ全体をひねり、8の字に
する

背負われる人の足を2つの輪に
通す。背負う人はその輪に肩を
通し、背負う

6

日常生活・災害時に役立つロープワーク

173

# さくいん

| | |
|---|---|
| イラスト | 有限会社シルフ |
| 装丁デザイン | 大場君人 |
| 装丁フォーマット | 宮下ヨシヲ（サイフォン グラフィカ） |
| 本文デザイン・DTP | 渡辺靖子（リベラル社） |
| 編集 | Bering Networks・渡辺靖子（リベラル社） |
| 編集人 | 伊藤光恵（リベラル社） |
| 営業 | 津村卓（リベラル社） |

編集部 堀友香・山田吉之・安田卓馬・水戸志保
営業部 澤順二・津田滋春・廣田修・青木ちはる・竹本健志・春日井ゆき恵・
　　　　持丸孝
制作・営業コーディネーター　仲野進

※本書は2010年に小社より発刊した『わかりやすい ロープとひもの結び方ハンドブック』を
　文庫化したものです

## すぐできる ひもとロープの結び方

2021年1月30日　初版
2021年4月26日　再版

| | |
|---|---|
| 編　集 | リベラル社 |
| 発行者 | 隅田　直樹 |
| 発行所 | 株式会社 リベラル社 |
| | 〒460-0008　名古屋市中区栄3-7-9　新鏡栄ビル8F |
| | TEL 052-261-9101　FAX 052-261-9134　http://liberalsya.com |
| 発　売 | 株式会社 星雲社（共同出版社・流通責任出版社） |
| | 〒112-0005　東京都文京区水道1-3-30 |
| | TEL 03-3868-3275 |